Recueil de poésie

À la mémoire de mon père, Nicolas Deutou décédé le 25 août 2004
J'implore son pardon et puise ma force dans l'espoir d'une vie...

Au courage de ma mère, Deutou Rosalie
Cette veuve pour qui la vie s'est présentée sous tous ses reflets...

Aux larmes de ma soeur, Deutou Michèle Angéla
Ma jumelle de quelques mois...

Grand-mère

Tu n'es plus

Reçois mes mots.

© 2010 Gabriel Deutou
Edition : Books on Demand GmbH, 12/14, rond-point des Champs Elysées, 75008 Paris, France
Impression : Books on Demand GmbH, Norderstedt, Allemagne
ISBN : 978-2-8106-1701-2
Dépôt légal : janvier 2010

Un sourire du regard 9

Sexe 10

Vie 11

Plaisir obscur 12

Un brin d'air 14

Vivre 16

Runaway 18

Sous mes pieds 20

Malice 22

Amour 24

Baiser mortel 25

Justice 26

Instinct meurtrier 28

Vérité malsaine 32

Autodestruction 34

Meurtre 36

Négritude 37

L'odeur du sang 38

ô César 40

Précoce 42

Pouvoir 43

Ma muse 52

Manque 54

A fleur de peau 56

Belle âme 58

Abîmes 59

Asmahane 61

Amour Désavoué 63

Sensible nostalgie 65

Tentation 67

Facette 69

Nubienne 71

Edison 72

Sofia 74

Eva 76

La petite normande 78

Rose 80

Le Poète 84

Butterfly love 85

Love when it hurts 88

Le damné 90

Camarades du Front 98

L'amour du jeu (préface) 107

Un sourire du regard

Je suis épris de cette inconnue.

Du pieds je la taquine.

L'affluence dans ce wagon est une aubaine.

Le parfum de sa nuque m'enivre.

Y'a t-il une mélodie à ce visage?

Sexe

Le sexe est l'unique variable qui nous différentie de la Bête...

L'expression de notre raison...

L'ampleur de notre imagination...

Le reflet de notre perversion...

L'animal le considère comme un outil de reproduction...

L'homme en a fait de l'art...

Vie

Ma vie, la vôtre, est une fable qui se moque d'elle-même.

Voyez-vous, il lui arrive à cette chose de vouloir tout nous offrir.

- Nos plaisirs et désirs.

Elle fait germer en nous un besoin vital de liberté.

Pourquoi nous insuffler le souffle divin, si c'est pour l'ôter dès l'aube ?

Elle dira pour sa part qu'elle n'y est pour rien.

Les règles sont établies dès notre premier cri de vie.

Le nourrisson révèle le mécontentement de ce présent.

Croyez-le ou non !

- La Vie, la Mort, deux concubines qui font bon ménage.

Plaisir obscur

Je m'allonge sur un lit d'hospice, mes pensées sont au loin.
Mon cœur s'élève comme emporté par un vent de mistral.
Je me sens tout à coup d'une légèreté végétale.
La pensée de rejoindre mon aïeule fait jaillir un sourire sur ce rivage.

J'apaise mes souffrances dans cette illusion consciente.
Tout est dès lors question d'évasion, de plaisir, de désir, de famille.
J'ouvre les yeux.
Me voici de retour dans ce bas-fond où tout n'est que coût.

Un voyage me dit-elle !
Mais où aller, à quel prix ?
Même le plaisir de me faire plaisir a rapport de qualité prix.
Un monde où consommation rythme avec engouement.
Celui de penser devoir tout acheter.

Voilà tout le problème !

Il y a certaine constance que l'on ne peut acheter.

Certains vous diront qu'elles sont hors de bourses.

Croyez-en mon désespoir!

La vie d'un parent, la joie d'un enfant, le regard de l'être cher...

- Certains plaisirs sont source de désir de par leur hors de portée.

J'estime que le plaisir ultime est celui d'être conscient de vivre.

Tout esclave se doit d'être en vie pour accomplir sa besogne.

Peut-il jubiler de ce plaisir ?

Notre plaisir provient de la souffrance d'autrui.

L'ai-je mal formulé ?

Tout plaisir est une source affligeante.

Nul ne peut prétendre à l'un sans qu'autrui ne dispose de l'autre.

- Le bonheur est ponctuel et indéfini, prenons plaisir à vivre.

Un brin d'air

Je marche le long d'un ruisseau, un craquement sous mes talons.

Une branche se brise en libérant son dernier souffle de vie.

J'accélère le pas et tu frissonnes à ma venue.

Je lève le pied.

Tu pivotes à droite et remets ça à gauche.

Je cours et le souffle t'éloigne de mon passage.

J'arrive à Broadway, et regarde vers le ciel.

Tu es toujours là.

Je prends ma bicyclette dans les ruelles d'Amsterdam.

À chaque coup de pédale, tu revis.

Je ne peux me défaire de toi.

Tu es mon souffle, tu es moi.

Je saute dans les champs de canes.

Je me roule dans le foin, tu es toujours là.

Je m'approche de Venus, elle se dénude.

Tu t'accélères

Tu es si fébrile.

De quoi ai-je à présent l'air ?

Vivre

La Vie et ses mésaventures, qui de nous peut avoir cerné son essence ?

Le monde dans lequel nous vivons nous plonge dans un état nouveau.
Je ne sais souvent plus qui je suis.
Je me regarde dans cette glace, face au le reflet d'un amas de chaire.

À mon réveil, je me rapproche de jour en jour du néant.
Flirtant avec Ma dernière demeure chaque nuit.
Les yeux fermés le vide envahit mon esprit.

Ne vouloir que s'en dormir, ceci est-il différent du processus mortuaire ?
Le changement capital est l'auto-réanimation, communément dit réveil.

La mort est un long sommeil duquel on ne peut s'échapper.
Nous mourrons chaque soir et y échappons tous les matins.

Ceci demande de l'énergie.

Un jour tout se fissure, nos âmes s'en échappent et rejoignent nos aînés.

Je vis pour explorer l'imaginaire du cortex humain.

J'aimerais tant mourir ce soir, pouvoir m'en échapper à ma guise.

Que sera le devenir de notre Terre face au progrès?

Qu'en sera-il de l'apparence de l'homme ?

Serions-nous des êtres pleinement constitués de raison et de science ?

Non ! Il n'en sera rien de tout cela.

En toute bête peuplant cette belle étoile demeure un filament émotionnel.

- *Vivre pour le trop plein d'attention qu'on y porte !*

Runaway

Sortir ce soir, être crevé demain.

Manger de tout, faire la diète dès l'aube.

Tant de contrariétés qui définissent le genre humain.

Il est dit qu'on naît tous différents.

Fuir pour mieux tomber.

Courir et se briser.

Aimer pour finir par haïr.

Cause et conséquence, toute notre existence s'y résume.

Je dansais et elle chantait.

Je mangeais et tu buvais.

Nous faisions l'amour et je m'évadais.

Je me demande ces jours-ci pourquoi Terre tourne ainsi ?

C'est Homme qui a fait tourner celles-ci à l'opposé de l'espace-temps.

Voulant échapper à son destin ...

- Homme oublie que nous nous en échapperons tous libre.

Oui !

- C'est pour demain.

Sous mes pieds

Il fait sombre, une lueur au loin scintille et l'espoir renaît.

À l'instant je jonche les ruelles de Paris, voilà qu'une passerelle cède.

Ma jambe me fait atrocement souffrir, elle n'est pas brisée.

- Dieu merci !

Chacun de mes pas insuffle une pénitence au sein de mon être.

À quoi avais-je l'esprit pour ainsi braver ma phobie ?

Une peur m'envahit, dès lors le monde se dérobe sous mes pieds.

Le vide, une sensation peu tangible qui évoque en moi l'enfance.

La solitude est devenue mon recueil.

- Aïe ! Quelle jambe !

Une tache émerge de mon pantalon, il faut songer à la désinfecter.
Une vieille bouteille de bourbon est source de jouvence.
Quel enfer, l'impact de la liqueur au contact de la chair affriolée.

Je me réfugie dans le souvenir de Mère me portant en son sein.
Lieu où tout est charnel, émotionnel.
Un délice qui nous offre le monde sous un regard ingénu.

Je ne sens plus ma jambe, un tournis m'envahi, il s'ensuit ...
- Bonjour, Monsieur, êtes-vous perdu ?
- Il est interdit de stationner sur les passerelles publiques.

Malice

Un parfum de pétales pillés enivre mes pensées

Je ne puis songer à autre que ses lèvres onctueuses

Bien plus qu'une envie un besoin vital de caresses envahi, mon être.

Mon âme succombe aux appels de cet autre moi

Un être pervers ampli des semences de la romance

Je la vois au loin, elle s'amuse à humecter le pourtour de ses lèvres

Cette langue à la saveur inconnue s'affaire à mouiller ce jardin

Demain, oui ce jour, après aujourd'hui, sera mien

Je te ferais découvrir les joies et les malices de la vie

Tu apprendras le plaisir de la chaire

Croyez-moi, cette fleur saura emprisonner en son sein votre esprit

Elle semble si naturelle que mon inconscient n'ait de cesse de l'idolâtre.

La patience est une vertu ...
Homme aveuglé par le désir ne peut se soustraire à s'y contraindre.

Mais croyez-le!
Je saurais épier cette proie qui m'ôte la foi en la raison.
Me voilà qui me mets à croire à l'amour.

-       Suis-je devenu fou !

Amour

Amour est un sentiment que l'on éprouve à tort et à raison.

Il est dit qu'il surgit sans crier garde, nous frappant au dépourvu.

Sachons ouvrir l'œil, fermez vos cœurs à toute hérésie.

Amour voyez-vous est simplicité enfantine.

Amour se doit d'être canalisé, entretenu telle la flamme d'une vie.

Amour est la rose dont l'épine blesse, la cicatrice rassure sur l'existence.

Fébrile est celui qui conçoit les limites d'Amour, elles définissent l'âme.

Il ne suffit plus de respirer pour vivre …

Il faut aimer pour trouver le sens de la vie.

- Amour et liberté, deux mots si tendres.

Baiser mortel

Il est sept heures au crépuscule.
Ma toute douce rêvassent les poings fermés.
Je prends le temps de contempler les traits de son visage.

Me voit-elle au cœur de ses songes?

Après la nuit de plaisir offerte, il se peut qu'elle y ait donné une suite.
Je vois encore les pétales de rose qui recouvrent ses formes dénudées.
Une envie de brouter germe au sein de mon esprit.

Soyons galants, embrassons cette rose à pleine bouche.
M'avancerais-je un peu trop ?
Et puis tant pis, un baiser volé ne lui fera aucun mal.

Au contact de ses lèvres brûlantes, je lui offre mon âme.
Les yeux clos elle laisse s'échapper le nom d'un autre.

Justice

Ma bourse est vide tout comme l'est mon estomac.
Je n'ai pas assez pour acheter de quoi m'évader.
J'entends la colère gronder dans ma tête.
Tel un parasite, elle envenime mon être.

Je lorgne par les volets.
J'entrevois cette dame au coin de la ruelle.
Manteau de fourrure, les doigts couverts de cailloux.

Ce monde est loin d'être juste.
Une injustice de plus ne lui fera guère plus de mal.
Me voilà une clé de biche à la main.

Je jonche le sentier le pas lent.
Madame chic n'a pas fini de retirer du liquide.

Elle en a tant que ça ?

La raison me retient, La faim me motive.

Mon âme est prise de jalousie.

Trop de questions, et puis merde.

Il y va d'un bruit écrasant.

Cette riche dame s'écroule.

Je lui ôte ses bijoux.

Je prends soin de vider son sac.

Un mal intentionnée pourrait passer par là avant la venue des secours.

Instinct meurtrier

Aujourd'hui ma petite femme s'est fait toute belle.
Voilà tout le problème.
Il m'est certain que tout ce superflu n'est pas pour me plaire.

Il est onze heures du soir, un parfum enivrant s'échappe de la douche.
On sonne à la porte, c'est cette mégère de belle-sœur.
Que fait cette cylindrée de l'autre côté de la rue ?

Madame s'avance vers moi.
Elle pose ses lèvres sur ma joue.
Elle accélère le pas.

J'aimerais savoir où elles vont ainsi fagoter.
La réponse se fait absente.
Elle claque la porte.

Maladresse, elle laisse tomber une pochette.

Le lieu de rencontre y est inscrit.

Mon imagination fait preuve d'égarement.

Je la vois trémousser le postérieur telle la guenon agacée.

Un verre de bourbon, ça devrait aller mieux !

Au bout du troisième, je perds le file.

- C'est toujours pareil.

L'instant d'après je suis sur la route.

Que vois-je ?

Cette même cylindrée.

- Elle n'a pas pris de taxi !

Me voilà cherchant mon chemin sur la piste.
Je bouscule un couple charmant.
Le monsieur pose sa main sur mon épaule.

- Apeuré je m'excuse.

Stupéfaction, ce visage m'est familier.
Je baisse les yeux.
Il est venu pour moi le temps de m'éclipser.

Le bar est mon refuge.
- Une bouteille de bourbon, merci !
L'envie de la vider m'en est passée.

Je la vois onduler le long du corps raidi de cet homme.
Ce spectacle plein de malice me fait gémir.

Un cri perçant.

Une bouteille brisée.

L'odeur du sang alcoolisé est un aphrodisiaque.

Je vois les débris de verre décorant le crâne chauve de ce bel inconnu.

Le désir d'être un homme fraye son chemin dans mes veines.

Je tiens au creux de ma main ce qui reste de cette bouteille.

Enfourchons cette dinde qui se veut mon épouse.

Demain nous plaiderons l'ébriété.

Vérité malsaine

-   Tout ce qui nous est interdit nous est destiné.

Voyez-vous être attiré par le même sexe que soit a été un fait tabou.
Les hommes l'ont refoulé, combattu.
Bien des châtiments ont été prodigués.

Il demeure, se perpétue au fil du temps.
J'en viens à me demander si ceci n'est pas le fondement de la sexualité.
-   Suis-je beau ?

J'évoque l'attrait sexuel.

Vous essayez de prendre possession du regard de l'autre.

Vous vous voyez en proie.

De quel sexe est-elle ?

-       Du même que le vôtre.

Autodestruction

Laissez- moi porter ce poignard en mon sein.
Donnez- moi la force de vous contempler de haut.
Aimez mon courage tout comme j'ai aimé la vie.

Une pluie battante assourdie mon ouïe.
Mon pouls est lent, mes pupilles se dilatent,
Ma vie défile comme une parodie dénuée du rire.

J'entrevois la colère embrasser une lueur d'espoir.

Une pierre trottine le long du lac.
J'aimerais m'y résoudre, je coule avec elle.
Les yeux levés vers là-haut, j'implore les cieux de briser mon crâne.

Une lumière pâle m'aveugle, le train a fière allure.

Voilà que mon cou se met à me démanger.

Je m'avance vers les railles, Je m'assoupis quelques secondes.

-   Bientôt je renaîtrais, loin de vous.

Meurtre

Je veux briser un crâne d'homme.

Je souhaite éventrer une femme enceinte.

J'aimerais transpercer le cœur de ma bien-aimée.

Pour mon premier, il me faut une pierre.

Un poignard ne serait pas de refus pour le suivant.

Pour la fin une lance africaine m'inspire.

Négritude

Cours, cours sauvage.

Cours, cours au loin aussi vite que le ciel veut.

Cours, cours (car), ta vie en dépend.

Chantes, chantes babouin.

Chantes, chantes les souffrances de ton peuple.

Chantes, chantes (car) tu n'es bon qu'à ça.

Pleures, pleures ébène.

Pleures, pleures sous les coups que je t'inflige.

Pleures, pleures (car) tel est ta destinée.

L'odeur du sang

Je tiens ta nuque entre mes mains.

Ton souffle caresse mon visage.

Tes yeux implorent ma compassion.

J'en suis dénué.

- Navré !

Une larme longe ta joue.

Tes doigts se crispent,

Tes muscles se relâchent.

Ton heure est venue.

- Désolé !

Je tourne ta nuque dans un sens.

Ça coince.

Je tourne ta nuque dans un sens.

Ça craque.

- Parfait !

ô César

Des ailes, si j'avais des ailes avec des plumes de soie.

Dès l'aurore je monterais au sommet.

Perché tout là-haut je prendrais mon élan.

-     Oh ciel !

Ce matin, j'ai eu des ailes pour présent.

Je les vois se battre.

L'envol m'appelle.

-     Oh quel paysage !

Je suis près à décoller de cette falaise.

Un mistral glace mes vaisseaux.

Mon plumage reflète mon courage.

-     Oh belle dulcinée !

Ton amour diluvien s'abat sur moi.

Tu t'es envolée hier pour les cieux.

Je cours, je vole à ta rencontre.

-     Oh me voilà libre de te rejoindre.

Précoce

Embrassez-moi.

Étreignez-moi.

Chuchotez-moi des mots doux.

Couvrez mon corps de mille baisers.

Jurez que vous n'aimerez que moi.

- Mentez-moi tant qu'on y est.

Pouvoir

Le pouvoir, c'est pouvoir faire ce que l'on peut quand on le peut.
Ceci vous semble évident pour ne pas dire acquis.
Songez-y !

- Faites-vous ce que vous pouvez lorsque vous le pouvez ?

Vôtre aimante dort les poings fermés
Vous êtes dans les bras d'une autre passion
À elle vous promettez un lendemain commun.

De retour à son chevet, vous vous blottissez dans les bras de cette pauvre.
Elle vous jure son amour les œil plongés dans les vôtres.
Le cœur obscurci de remords, vous lui promettez plus de compassion.

Deux mois, trois ans, vous êtes encore là à prodiguer des promesses.

Un matin, celle dont vous partagez la couche décroche votre téléphone.

Vous êtes sous la douche.

Elle vous annonce qu'elle donnera la vie !
- Vous n'assisterez pas à cette fausse joie.

Votre collègue attend sur le pallier aux bras de votre péché.

Un sourire vous convie à les rejoindre.

Confidence, confidences…

C'est plus fort que tout !

Vous songez aux nuits partagées.

C'est la fiancée d'un proche.

Votre femme se garde de vous.

Elle demandera le divorce le jour venu.

Vous êtes à la rue !

Une lettre annonce aux futurs époux les dérapages de l'heureuse élue.

Votre patron vous remercie du service rendu.

Vous en voulez à la Terre !

Auriez-vous tout changé, si vous le pouviez ?

-   Le pouvoir, c'est vouloir ce que l'on peut.

Passion dévorante

Je suis assoupi sur mon lieu de travail.
Comment animer pareille tristesse ?
Malgré moi je suis un mouton.

Une lueur d'espoir illumine mon visage.
Ses yeux me fixent, je suis en éveille.
L'état d'urgence est décrété.

Je m'avance confus, le regard lointain.
Elle est au loin.
Ses cheveux affinent son dos.
Son cou me laisse contempler cette peau caramel.

Je l'avoue, ses formes, son charme, ses fesses, tout son être me trouble.
Je suis figé, je ne peux l'effleurer.
Malheur !

Mon bras, tel un automate s'allonge.
De seconde en seconde sa présence se rapproche.
C'est fait !

Je succombe à ma douleur.

Elle se tourne, des yeux sublimes.
Je suis désarmé, à sa portée.
Je tremble en ôtant des feuilles de la veste.
- Merci à vous, quelle preuve d'attention !

À ces dires, je ne puis point répondre !
- Un café, ça vous dit ?
Silence, je suis un trop besogneux.

Me voici abattu, affligé, accablé.
Mon ego tant adulé s'effrite sous elle.

J'ai honte de mon envie grandissante.

Elle me regarde

- Un nouveau sourire.

Je prends du temps pour trier mes mots.

Je lui tends ma carte

- Mon premier sourire.

Sa main semble prisonnière de la veste.

Elle effleure mes doigts.

- Je suis pris de frissons.

Désir et plaisir !

Mon nom m'échappe.

- Gabriel, c'est bien vous ?

Je hoche la tête.

Je fronce mon regard.

- Le bonsoir mademoiselle.

Ma tête me joue des tours.

Mes rêves sont censurés par votre morale.

Il est tôt,.

Je décroche le natel.

- Bonsoir, tu ne m'as jamais appelé ?

Quelle belle voix !

Elle est douce, charmante, envoûtante.

Ma voix se fait grave.

- Tu ne me l'as jamais demandé !

Elle rit, le jeu peu enfin commencer.

Loin de sa vue, je suis à mon aise.

Il ne tient qu'à moi de la posséder.
Parler de tout et de rien, ça lui convient.
—   J'ai rompu avec mon ex.

Vais-je m'en plaindre ?

Je n'ai plus rien à perdre, tout met permis.
Parlons de sexe, non pas celui du cabaret.
Évoquons nos fantasmes, désirs refoulés.

Offrez votre intimité.
Les tabous sont les secrets de la ferveur.
Elle se fascine de moi.

Nous voici au carrefour de cette passion.

— Un café, vous y tenez toujours Gabriel ?

Le reste est intime, voire bestial.

Ma muse

Le tabac s'échappe de mon antre.

J'espère consumer l'amour désavoué qui me consume.

Dans l'obscurité parisienne, une lueur de vie illumine mes ténèbres.

Muriel me dit-elle !

Un nappage saveur caramel, des formes plaisantes.
-       Mon être en est épris !

Ce regard noisette fait tomber le masque de pierre.

Un sourire émerge de ce doux rivage.

Bon dieu, le charme de ses lèvres m'enivrent !

Il est bien trop tôt pour briser ce vase des tropiques.

L'amour est une rivière semée de fleurs exotiques.

Est-ce une muse qui implore le désir d'être aimée ?

Saurais-je la chérir, la blottir.

Pourrais-je effacer ses souvenirs malsains.

Ceux-là même qui défleurissent cette beauté d'innocence.

Je désir me confesser sous la brûlure d'un soleil levant.

Elle vit au cœur de cette île nommée amour charnel.

Non ! Tout cela n'est que fumé.

Cette perle m'échappe au fil du temps.

L'attendre, la comprendre, me taire.

Est-ce si simple ?

Manque

Le manque est un sentiment qui nous effondre.

J'ai envie de fraise, d'orange, un bout de soleil.

L'amour d'une mère est un besoin qui nous surpasse.

Si dieu me devait un service, aussi grand soit-il.

Je lui demanderais de m'ôter se vide qui m'emprisonne.

J'aime une femme qui en aime un autre.

Un flambeau de joie envahit mon être ...

Est-ce donc cela l'amour ?

Un manque qui grandit ...

Il se nourrit de notre trop plein de vie.

Je souhaite ...

Je voudrai ...

J'aimerais ...

Mon père est parti si loin.

Les cieux me semblent proches.

A fleur de peau

Elle avance le pas lent, appréciant le temps.
Je l'observe, contemplant ses formes.
Me voilà sous le charme.

Son corps dénudé laisse percevoir le mal qui somnole.
De son touché, elle attise les prémices de mon malheur.
Je ne puis échapper à ses griffes lacérées.

Une caresse, et mon bonheur est conquis.
Je ne puis me résoudre à la partager.
Ai-je vraiment le choix?

Le parfum de son âme humecte mes draps.
Je me plais à caresser ces douces pensés.
La vision du bout de son sein attise mon déclin.

L'homme que je suis est enclin à l'allure de ce félin.

Carnivore je suis, vorace elle est.

Pourquoi fuir?

-   Le bonheur demeure au sein de ma douleur.

Châties-moi!

Punis- moi!

Restes près de moi!

-   Ton sabre transperce un coeur jadis pierre.

Belle âme

L'amour est un fardeau qui nous consume.

Aimer est une fable qui nous tient en éveil.

La solitude est un calvaire sans faille.

Elle me consume telle une cigarette.

Le coeur sur la main, mon visage implore le pardon.

Laisses-moi te dire combien je t'aime.

Abîmes

Je suis là devant vous dénudé par la beauté de cette diversité. Le plaisir de contempler ces peaux brunes, mattes et pale. Je m'évade au son de cette mélodie pleine de songe.

Je reçois le bonheur un cours instant, celui d'un regard emplie d'épice. Une caresse que seul l'orient prodigue. Cette chaleur africaine en son sein me comble.

Je m'effrite sous l'essence de ce parfum varié. Mes doigts n'ont de cesse de m'ennuyer. Mes yeux sont les victimes de mon coeur. Mon âme en est épris!

Que dire, que faire et ne point penser?
Un baisé le long de ces joues, pleine de grâce, me berce. Un peu plus, me dis-je. Et puis non!

Amitié et fraternité ne font pas bon ménage. Je ne suis pas Homme à lâcher prise. Demain est un souffle nouveau.

- On verra où ce vent venue du Sud me perdra!

Asmahane

Je vis au sein d'une plaie
L'allure sage, je m'avance au loin.
Auprès, s'évade une caresse.
Asmahane, me dit-elle !

Voici le pardon dans ce monde d'abus.
Cette voix me comble.
Sa peau mi-pêche mi-passion attise mon palet.
Je ne puis m'empêcher d'émettre un songe.

Un roucoulement émane de ma bassesse.
J'ai mal, si mal qu'il fasse que tout sorte.
Une envie obscène envahit cet être fait de chair.
Pardonnez-moi, homme de bonne foi.

Un jasmin au parfum affolant.

Puis-je mettre une main au creux de ce joyau.

Une liqueur jaillit de cette huître.

Pourquoi me hâter ?

Et puis voilà.

J'y suis.

J'y reste.

J'y demeure.

Amour Désavoué

Le long de la Seine, au son de mon chagrin, je m'évade
Mes pensés se perdent auprès d'une femme celle de trop
De son silence naissent tant de souffrances.

Je vais mal.
Elle le sait.
Consent-elle à ma perte.

J'ai autrefois jeté mon amour à ses pieds.
Espérant, un cours instant, attiser sa faim.
La froideur de son être irrite mon orgueil.

L'amour qui me reste se dérobe près de mon âme.
Les fissures de ce traître combattent ton refus.

Combler ses désirs

Etancher ses caprices.

S'aurai-je la convaincre de s'offrir à moi.

- 	Elle a apprivoisé mon coeur, sans en faire le sien.

Sensible nostalgie

La douceur des souvenirs que cette femme berce m'effraye. Un mélange de mélancolie étatique constant. Sous la brume d'automne, sa peau matte appelle à des douceurs incongrues. Je voudrais lui dire que son sourire fait jaillir sa sensibilité.

Sensibilité et fragilité, voilà des maux qui gangrènent son quotidien. Comment pourrait elle m'accorder sa confiance dès lors que ma vision lui confère tant de regrets.

L'homme, mon sexe, ma sueur, tout ce savant mélange attisent en elle une nostalgie malsaine. Le passé de ces amants me joue là un tour insurmontable par le désir.

Que faire face à cette amertume, cette animosité légitime. Lui dire des mots doux aux couleurs de son pelage caramel. Lui montrer des facettes propres à mon être, dont le but, est son bien-être. Lui donner un baisé soutenu...

Tant d'office qui anéantit mon ardeur. J'aimerais, je voudrais, j'oserais lui conter les méandres de mes amours. Amour est un calice qui recel en son sein tant de souffrances. Sa sensibilité mérite toute mon attention...

Je suis là, près de toi, si près que ton parfum m'enivre. Laissez-moi porter votre chagrin. Offrez-moi vos secrets. Donnez-moi votre amour.

Je me présente à toi tel un chevalier prêt à braver ton supplice. Nostalgie et sensibilité sont là les ingrédients d'un amour naissant. Ton sourire me parle.
- Il me dit que ta foi en la romance est belle.

Tentation

A l'autre bout de la table, je contemple cette femme.

Le regard plongé autour de sa poitrine, je m'amuse à l'imaginer sous d'autres angles. Je suis ébahi devant tant de volume, son sein droit attise d'autre convoitise.

Les mâles qui m'entourent ont décelé ma convoitise.

Je suis mis à nu, l'air de rien je m'avance, le pas rassurant vers cette proie. Mon ego s'effrite face à tant de sérénité. La voix rassurante, elle se présente sous le doux nom « Artiste ».

Je me retrouve désarmé devant cette prestance.

Je voudrais, j'aimerais lui dire que son parfum n'a point d'effet sur mes sens. Mentir n'est pas mon fort, j'entrevois une issue dénuée de toute romance. Pourquoi se jeter à ses pieds si son cœur est froid. Le regard lacéré, elle me fait savoir que mes intentions sont belles, nobles, abstraites.

J'aime à me dire que la vie est Présent, Passé tout comme Futur sont absents. A cet instant précis, la clef de cette forteresse glisse le long de mes doigts. Ma tristesse se fait palpable, pressent, enivrante.

- L'artiste me jette un regard fruité, me voilà à ses pieds.

La voix de cette muse me tient en laisse. Elle le sait, le souhaite-elle pour autant ? Les mots qui émanent de ses lèvres résonnent au loin. L'homme que je serais demain n'a point besoin de ce supplice, Présent consent à m'assujettir. Le malheur de l'homme est l'assurance d'un bonheur perpétuel pour celle qui le souhaite.

Facette

Je suis là près de toi, tu ne le sais pas. Une part de moi te réclame, mon instinct te refoule. Mes émotions sont enfouies au cœur de ta cambrure.

Je suis de ceux-là, noirs et entrain au rejet des siens. Pourquoi ma pensé me trahit-elle à ta vue ? Telle une reine, elle avance le pas rassurant. Ton regard nourri de malice me rend rigide.

Quelques mots suffiront-ils à apaiser mes tourments ? Mes yeux réclament justice. Celle là même qui fera jaillir ma semence. La honte m'accable, tel un voleur pris la main dans le sac.

Je suis coupable du désire, celui de glisser mes doigts dans ce lieu. Les mots m'échappent... Je ne puis contenir ce frisson qui parcourt mon être. Je reste là, tout près des flammes, figé tel un morceau de bois.

Je rumine mon péché, cherchant vainement à me faire châtier. Un au revoir dissipera cette brume qui aveugle mon égo. J'avance crânement vers cette nouvelle proie. L'enfant que je suis s'enflamme au contact de ses lèvres sur ma joue.

Elle s'éloigne…

La reverrai-je sous d'autres cieux ? Je me consume face à la malice de ce dernier regard. Je me confierais volontiers si Femme consent à m'offrir le fruit défendu.

Nubienne

Une âme saine est assise auprès des flammes.

Un parfum plaisant de grillage achève ma solitude.

Je suis confus face à cet animal égaré.

Une hyène me dis-je.

Mon regard se perd le long de sa robe.

Est-elle assez courte pour éveiller Homme cannibale.

Ma curiosité est naissante, grandissante, éblouie par son cou.

Une envie, un besoin viscéral de palper son reflet ébène.

Au touché de sa sueur mon doigt renie mes pensés.

La main posée sous la table, je me hâte d'étouffer mon péché.

Edison

Si le diable avait un nom, il se nommerait Edison.

E pour l'éclat de son Eternité.

D pour mettre à nu l'état de Divinité.

I pour rappeler à l'homme son Insubordination.

S pour étancher sa soif de Sexe.

Ô pour magnifier son Omniprésence.

N pour refléter son Narcissisme.

Voici venu l'éloge de cette race avide de pouvoir. Il reprendra la souffrance autour de lui, ceci est son repas. Son regard somnolant vous ferait oublier votre affligeante. Les mots qui s'échappent de sa bouche sont amplis de douceurs.

Tout votre être s'en verra meurtri. Son touché, suscitera de lente caresse brûlante. Votre soumission, votre dépravation sont là son but.

- Et si le diable avait pris possession de ce nom ?

Sofia

Une fleur envahit mes nuits.
Mon cœur est rempli de fraise, ma bouche de rose.
Tout cela m'échappe.

Au réveil, cette femme n'est plus qu'un souvenir qui hante mes rêves.
Dès l'instant où mes yeux aveuglés se sont posés sur Elle, mon cœur en est devenu prisonnier.

Aujourd'hui Elle est partie, me voilà meurtri.
Un mot une phrase, une décision de travers.
Un au revoir qui se décline en un adieu.
Un amour qui laisse place à la haine.
Une peine qui remplit ce que fut autrefois joie.

Ma vie suit son court, Elle est une part de moi, Elle sera à un autre.

Je ne peux le voir, je le sens, je ne puis l'endurer.

Mon amour pour cette créature est un fardeau.

Il y a des moments qu'on souhaite oublier, dès lors ils sont indélébiles.

- Une caresse, un sourire, un cri, une gifle, tout semble idyllique.

Son parfum enivre mes pensées, sa présence envenime toute relation.

L'amour est-il un supplice?

- Un châtiment que l'on aime s'affliger en son refus.

Nul doute que Elle m'a aimé !

Ai-je su respecter cet amour ?

De là naissent d'autres regrets.

Eva

Le printemps est le temps des amours, ce fut le cas à cet instant.

Voir cette coulée de neige au nappage caramel se prélasser au soleil.

Elle, si sage, toute douce, me fait croire à la vertu de l'Afrique.

Non !

Tu n'es pas d'ici.

Loin de moi la pensée de t'accoster.

Un bonjour aura suffi à ébranler toutes mes craintes.

Me voici à ses pieds, mon doigt au creux de cette cambrure sauvage.

Holà !

Un peu de retenu mon cher, ami.

- L'amitié est un breuvage qui se délecte, ne me froisse point.

Ses mots ont su apaiser mes maux.

Tant de vertu et si peu d'étreinte.

Ô que ciel !

Une allure féline, me voilà mis en cage.

Ce parfum venu des tropiques attise le félin somnolant en mon sein.

Une goûte de ta liqueur ne saurait étancher cette soif naissante.

Eva, me dit-elle s'en allant au loin tendrement.

La petite normande

Si l'amour avait une contrée nul doute qu'elle serait normande.

Si l'amour avait un nom, il porterait celui de Bénédicte. Aimer est une chose, mais savoir aimer en est une autre. Ce sentiment telle une angoisse peut conduire à la folie. Cette chose qui nous pousse à attendre d'être aimé en retour.

Nul ne peut-être aimé autant qu'il aime.
Peut-être plus, certainement moins, aucune certitude n'en découle.

Elle envahit l'univers de l'autre, puisant sa source dans l'espérance. Mais cet engouement n'a de cesse d'attiser son refoulement. Pourquoi donner si on attend tant en retour ?

L'amour n'a guère de prix, tout comme sa valeur est nulle. Certains pensent être amoureux et d'autres ne souhaitent plus l'être. La raison me pousse à penser que son amour est calculé, tout comme ma conduite à son égard l'est.

J'ai pieds dans un nid où les vipères ont des écailles de couleuvres, et les ingénus sont les bourreaux. J'implore le pardon de cette innocente. Pourquoi aimer est-il un devoir ?

Quant à moi ?
L'amour est un supplice que bien des tortures ne peuvent surpasser.

Rose

Je suis là, mon cœur se fige.

Je ne peux l'admettre, j'ai tant besoin de le dire.

Je me consume, ma flamme en la vie s'apaise.

Cette rose de Normandie cogne à ma porte.

Il est tôt, je ne sais que faire !

La porte s'ouvre, une voix siffle.

Un son perçant tout aussi berçant fait battre mon cœur.

Voilà des lustres qu'une part de moi lui appartient.

Je la sers contre moi, j'entends battre son cœur.

Mon pouls s'accélère, je m'évade.

J'ai cru avoir découvert l'amour dans les bras d'une autre.

Ses yeux éclairent ma destinée.

Je laisse ma plume me guider.

Me voilà qui fais preuve d'indécence !

Son charme effrite mon ego.

À ses yeux je ne suis rien de moins qu'un frère, un ami, un confident.

Pour mon cœur, elle est un tout.

Je suis devenu par le biais du temps un ego parleur, un fin menteur.

Ce soir de samedi en Normandie je n'ai pu me résoudre à duper.

La vérité est là, gravée par l'éclat de mon regard.

Je suis plein d'admiration pour cette rose.

Le machisme se brise, je m'éloigne mollement ne pouvant dire un mot.

L'amour, je n'y crois depuis toujours la passion m'anime.
Un poison qui guide mon existence.
Trop jeunes, trop intimes, trop de trop.

Me voilà fait prisonnier.

Je ne peux me résoudre à la partager.
La vie me dicte ses règles qui me déplaisent.
Je me meurs depuis peu.

Cette porte entrouverte laissant entrer cette rose me souffle la vie.

L'amour n'est pas une science qui se dicte ou s'apprend.
Les sentiments prennent le dessus sur la raison.
Suis-je devenu fou ?

Est-ce donc ça l'amour ?

Un fruit défendu germant au cœur.
Des fleures immergeant de la tête.
Un parfum s'échappe du nectar.

Vous voilà fait !

J'allume une cigarette, une royale.
Je m'abandonne à une folie interdite qui me consume à petit feu.
Je suis de retour parmi vous.

Le Poète

Je ne veux ressembler à personne.

On écrit pour se rendre unique.

La plume nous différencie.

L'être pensant est insouciant.

Le désir de plaire est inconsistant.

L'écriture est le pâle reflet de la beauté de son auteur.

Si vous vous plaisez, il y a point de honte à le partager.

Butterfly love

Selfishness is the way I see the world.

I spent my all life thinking about my own happiness.

I met you on that hall in Paris
- my heart stopped biting.

I cannot say that I like you
- it will not be enough.

I cannot say that I do not want you
- it will not be true.

Your eyes show me a world
- like the one I though was dead.

Full of love
- that is the way you appear to me.

I find the way to make you cry
- for that I am sorry.

Sometimes I still make you laugh
- for that I am proud.

The only way that I found to express myself was a rose.
You are a little peace of earth so fragile and delicate.

Happiness turns to be simple
- smell your body perfume.
Sometimes I need to touch you
- not the way I used to do.
When you mad I feel alive
- feelings not friendship.
Been around you, getting closer and …
- I should stop here.
If you still want to know why I love you
- spell it.

S like your soul

- your faith in the beauty of human been.

H as your taste of humor

- I lost myself trying to control it.

A for amour

- like the way you love Italian wine.

K related to your kindness

- one thing that we both share.

I know what I want

- one thing that I learned from you.

A is the angel who felt in my world.

Even now you find the way to make me loose my mind.

Love when it hurts

Yesterday,
- The day I felt in love.

For the first time,
- My heart starts beating.

My blood,
- The energy that I need to bread is slowing down to stop.

What a great feeling,
- Is not it?

Today,
- The day I discover sadness.

In her eyes full of love,
- All I see is his face.

My heart is bleeding,
- from inside.

Maybe I deserve it,
- Do I?

Tomorrow,
- The day I will propose.

In my eyes full of joy,
- All she sees is lies and confusion.

My mind,
- Lost in the thought of my first loves.

From that moment I will not spend the rest of my day alone,
- Is it happiness?

Right now,
- The day after tomorrow.

She turns to be the energy I need to bread,
- At least when she is around.

It is difficult to stay next to her,
- Watching beauty getting on the train.

I do it for romance,
- Do we all not coming from love?

Le damné

J'ai eu le malheur de naître d'une femme séropositive, ma vie dès lors n'a été qu'un périlleux combat. Nous sommes à la veille du nouvel an, le monde est en joie et pourtant la réalité est tout autre. L'homme de ce millénaire n'a pas su et pu contenir ce fléau. Il est à présent la première arme de destruction massive.

À l'apogée de son œuvre, le monde est un Knock-out où quatre milliards d'hommes, femmes et enfants agonisent dans d'insurmontables souffrances. Nous dénombrons chaque jour des milliers de nouveaux contaminés, Paris, New York, Tokyo ; nul n'est épargné par cet ennemi commun. Bien qu'hors de portée, ses assauts sont les plus meurtriers.

Ça fait plus d'un quart de siècle que je vis cloîtré dans ce laboratoire. Je lui ai tout consacré, ma vie, mon énergie, même mon entêtement. J'ai découvert mainte formule pour le contenir, mais la finalité demeure la même, nous courrons vers une défaite certaine.

Ce jour de nouvel an et ces chants de louange où l'on oublie les douleurs endurées. Je sens germer en moi l'inspiration tant attendue. L'éternel condamné a enfin mis au point la solution finale.
Son application demeure immorale. Elle est si évidente que je n'ai aucun mérite à la breveter. Cela marquera la mort du préservatif, ce morceau de caoutchouc qui consiste à préserver une illusion de protection.

Mais que fait-on lorsque la capote s'éclate ?
La première idée serait d'effectuer un test de dépistage.
Pourquoi pas le faire avant l'acte corporel ?
Voilà ma découverte.

La machine est là devant moi, posée sur le chevet de mon lit. Il m'arrive de la confondre à une de ces obsolètes clés numériques 2000. Un mécanisme assez basique constitué d'un système électronique d'analyse de données. Il suffit d'appuyer sur la touche IN pour s'administrer une injection. L'effet produit est similaire à une piqûre de moustique.

Le sang prélevé est analysé par la machine, il est simplement comparé à ceux préalablement stockés dans la mémoire de ce que j'appelle Eden. L'aspect technique sera mis au point par les chercheurs attitrés, ça fait permette qu'ils y travaillent et y intégrer le concept du dit Mono-test ne devrait pas leur prendre un autre quart de siècle.

Imaginez l'immensité de sa puissance, en quelques secondes il s'affichera à l'écran l'un de ces mots :
- Libre.
- Damné.

Cet appareil est voué à une utilisation unique pour éviter tout risque de contamination. Son coût, je vous dirais bien que je m'en tape, ça fait bien plus d'une trentaine d'années que ces dites organisations amassent des milliards de dons pour la recherche. Il serait peut-être temps de passer à la caisse mes seigneurs.

Il est possible et aisé d'instaurer une banque de données internationale où seront envoyés tous les résultats.
Voilà où les choses se gâtent !

En permettant aux différents gouvernements de répertorier tous ces cas défaillants comme moi, c'est comme si je remettais la clef de Pandore à un marchand de tapis. Il s'empressera de l'ouvrir. Tout bien pensé leur sort m'importe peu, je suis déjà condamné. Il n'y a pas de souffrance morale plus affligeante que de se savoir dénué de tout espoir en la vie. Tout ce qui me dissuade ce matin de divulguer cette trouvaille est ma profonde crainte des hommes.

Je les vois d'ici venir !

Des lois seront probablement votées stipulant qu'au nom de la protection de l'individu, tous les malades seront parqués comme du bétail, logés dans de s zones enclavées dans l'attente d'une mort latente et certaine.

Les Hommes saints comme vous autres ne se plaindront guère de cet acte inhumain. Vous voulez peut-être m'en dissuader ? Sottises ! Vous souvenez-vous du préservatif ? Une trouvaille venue résoudre en partie le problème posé par une défaillance scientifique émanant d'un laboratoire du Nord.

Oui ! Je le dis haut et fort.

Ce foutu VIH vient de tout le mal que nous la faisons subir.

C'est bel et bien nous qui avons mis sur le marché ce porc-épic de Sida.

Au lieu de distribuer gratuitement les dits moyens contraceptifs, nos grandes intenses mondiales en ont fait un énorme fond de commerce. Je n'ose dénombrer tous les produits dérivés qui ont découlé de cette frénésie.

De décennies en décennies, les gens ne pensent plus qu'à s'envoyer dans les airs. Savez-vous combien d'entre eux le font toutes les heures, chaque jour, tous les mois ou par année ? Et ceux qui sen sont insatiables au point de le refaire plusieurs fois d'affilées.

Ne nous voilons pas la face plus longtemps, le préservatif est le produit le mieux côté en bourse, son marché est stable et prometteur. Hors mis une découverte brutale d'un remède, rien ne pourrait perturber ce beau mariage.

Non, mes amis !

L'instinct de survie de l'homme prendra le pas sur la raison et ce à chaque fois. Dans un avenir plus proche que demain, tout sujet atteint sera voué à une éradication prochaine dans l'espoir de maintenir le progrès humain vers un monde dit meilleur.

Camarades du Front

Nous voici plongé dans la guerre de 1914-1918, au travers des yeux d'un soldat allemand âgé de 20 ans. Le titre du roman est tiré d'une phrase prononcé lorsque notre "héros" trouve la mort en octobre 1918 par une journée qui fut si tranquille sur tout le front que le communiqué se borna à signaler qu'à l'Ouest il n'y avait rien de nouveau. L'auteur, Erich REMARQUE nous balade au fil des chapitre au sein d'une histoire qui mêle amour, peur, joie, espoir et désillusion. Tour à tour, nous partageons les rencontres du héros, et somme les témoins de toutes ses angoisses durant cette guerre qui pour lui a perdu de son sens. Le résumé proposé est une synthèse romancée de quelques extraits du roman.

Aujourd'hui, c'est vraiment une bonne journée. Même le courrier est là ; presque tout le monde a reçu des lettres et des journaux. Plus que pour tout autre homme l'estomac et la digestion sont pour le soldat un domaine familier. Il en tire les trois quarts de son vocabulaire et l'expression de la joie la plus intense ou celle de l'indignation la plus profonde y trouvent ce qu'elles peuvent avoir de plus vigoureux. Ainsi voilà ce qu'ils pensent les cent mille Kantoreks ! "Jeunesse de fer." Jeunesse ? Aucun de nous n'a plus de vingt ans. Quant à la jeunesse ! Tout cela est fini depuis longtemps. Nous sommes de vieilles gens. Kemmerich va mourir, quel que soit celui qui héritera de ses bottes. Pourquoi donc Mûller ne les guignerait-il pas ? A coup sûr, il y a plus droit qu'un infirmier. Kemmerich mort, il sera trop tard. C'est justement pourquoi Mûller, dès maintenant, ouvre bien les yeux. Nous avons perdu le sens de toutes autres relations parce qu'elles sont artificielles ; seules les réalités comptent et ont de l'importance pour nous. Et de bonnes bottes sont rares ! Quand nous partons, nous ne sommes que de vulgaires soldats, maussades ou de bonne humeur et, quand nous arrivons dans la zone où commence le front, nous sommes devenus des hommes-bêtes. Le matin est triste, les infirmiers courent avec des numéros et des fiches ; les blessés gémissent.

À quoi bon tout cela ? Nous serons obligés, pourtant, de revenir sur les bancs de l'école. Peut-être y aura-t-il pour nous un examen spécial ? Et, même si tu réussis, qu'y aura-t-il ensuite ? Etre étudiant ne vaut guère mieux. Et si tu n'as pas d'argent, il faut que tu en mettes un coup. Comment peut-on prendre ça au sérieux, quand on a été ici, sur le front ? Que ferons-nous donc si nous revenons ? Je ne le sais pas. Il faut d'abord être rentré, et puis nous verrons bien. La guerre a fait de nous des propres à rien. Nous ne faisons plus partie de la jeunesse. Nous ne voulons plus prendre d'assaut l'univers. Nous sommes des fuyards. Nous avions dix-huit ans et nous commencions à aimer le monde et l'existence ; voilà qu'il nous a fallu faire feu là-dessus. Le premier obus qui est tombé nous a frappés au coeur. Nous n'avons plus aucun goût pour l'effort, l'activité et le progrès. Nous n'y croyons plus ; nous ne croyons qu'à la guerre.

L'artillerie anglaise est renforcée, nous nous en rendons compte aussitôt. Le moral est bas. Nous sommes tapis dans nos abris depuis deux heures ; voici que notre propre artillerie tire sur nos tranchées. C'est la troisième fois en quatre semaines. Si encore c'étaient des erreurs de tir, personne ne dirait rien, mais cela vient de ce que les tubes des canons sont usés, ce qui rend les coups incertains et fait souvent s'éparpiller leurs obus sur notre secteur. Cette nuit, nous avons ainsi deux blessés. Le front est une cage dans laquelle il faut attendre nerveusement les événements. Lorsqu'un projectile arrive, je puis me baisser, et c'est tout ; je ne puis ni savoir exactement où il va tomber, ni influencer son point de chute. C'est le hasard qui nous rend indifférents. La nuit est insupportable. Nous ne pouvons pas dormir, nous regardons devant nous d'un oeil hagard et nous somnolons. L'artillerie nous administre sa bénédiction du soir. Il fait frais. Je suis de faction et je regarde fixement dans l'obscurité. Je me sens déprimé, comme après chaque attaque ; c'est pourquoi il m'est pénible d'être seul avec mes pensées. Elles sont silencieuses parce que le silence, justement, est pour nous un phénomène incompréhensible.

Ce silence est la raison pour laquelle les images du passé éveillent en nous moins des désirs que de la tristesse, une mélancolie immense et éperdue. Elles sont passées ; elles font partie d'un autre monde pour nous révolu. Nous ne serions plus liés à ce paysage, comme nous l'étions. Peut-être n'était-ce là que le privilège de notre jeunesse ; nous ne voyions encore aucune limite et nulle part nous n'admettions une fin ; nous avions en nous cette impulsion du sang qui nous unissait à la marche de nos jours. Nous ne sommes plus insouciants, nous sommes d'une indifférence terrible. Nous serions là, mais vivrions-nous ? Nous sommes délaissés comme des enfants et expérimentés comme de vielles gens ; nous sommes grossiers, tristes et superficiels ; je crois que nous sommes perdus.

Les maisons dans lesquelles nous avons pris quartier sont situées près du canal. De notre côté, les maisons ont été évacuées, mais en face on voit de temps en temps des habitants. Nous ne comprenons pas grand-chose à ce qu'elles disent, mais nous sentons que ce sont des mots gentils. La brune svelte me caresse les cheveux et me dit ce que toutes les femmes françaises disent toujours : "La guerre… grand malheur… pauvres garçons… " Tout au-dessus de moi ses yeux émouvants, la douceur brune de sa peau et ses lèvres rouges. Sa bouche prononce des paroles que je ne comprends pas. Il y a des chambres à côtés. Je sens en moi quelque chose qui désire et qui sombres à la fois. Maintenant je n'ai plus rien de ce qui rappelle l'allure cavalière et impertinente du soldat : ni fusil, ni ceinturon, ni uniforme, ni casque. Je m'abandonne à cet inconnu ; arrive que pourra, car, malgré tout, j'ai un peu peur. Mais alors je sens les lèvres de cette svelte brune et je me tends vers elles ; je ferme les yeux et je voudrais par là tout effacer, la guerre, ses horreurs et ses ignominies, pour me réveiller jeune et heureux. Je crois un instant que ma vie dépend d'une seule chose : la conquérir. Et je me presse d'autant plus fort dans ces bras qui m'enlacent : peut-être va-t-il se produire un miracle…

Qu'est ce qu'une permission ? Un changement qui, ensuite, rend tout beaucoup plus pénible. Ma mère me regarde en silence. Elle compte les jours, je le sais ; chaque matin, elle est triste ; encore une journée de moins, pense-t-elle. Les journées deviennes toujours plus pénibles et les yeux de ma mère toujours plus chagrins. Quatre jours encore. Il faut que j'aille trouver la mère de Kemmerich. On ne peut pas décrire ces choses-là ; cette femme tremblante et sanglotante qui me secoue, en me criant : pourquoi vis tu donc, puisqu'il est mort ? Je luis dis qu'il a reçu une balle dans le coeur et qu'il est mort aussitôt. Elle me regarde d'un air de doute, et me dit : tu mens, je sais que ce n'est pas vrai, j'ai senti dans ma chair la difficulté avec laquelle il est mort. J'ai entendu sa voix, j'ai, pendant la nuit, éprouvé son angoisse. Dis le-moi ! Il faut que je sache. Je sais que tu veux me consoler, mais ne vois-tu pas que tu me tortures plus qu'en me disant la vérité ?

C'est le dernier soir que je passe à la maison. Tout le monde est taciturne. Je vais au lit de bonne heure. Je saisis les oreillers, je les serre contre moi et j'y enfonce ma tête. Qui sait si je coucherai encore dans un lit de plume ? La chambre est obscure. La respiration de ma mère monte et descend. Je mords mes oreillers, mes poings étreignent les baguettes de fer de mon lit. Jamais je n'aurais dû venir en permission. Au front, j'étais indifférent et souvent sans espoir ; je ne pourrai jamais plus trouver cela. J'étais un soldat et maintenant je ne suis plus que souffrance : à cause de moi, à cause de ma mère, à cause de tout ce qui est si décourageant et si interminable.

A côté de nos baraquements se trouve le grand camp russes. A vrai dire, il est séparé de nous par des grillages de fils de fer ; malgré cela, les prisonniers réussissent à venir de notre côté. C'est une chose étrange que le spectacle de nos ennemis vu de si près. Il est triste de voir leurs mouvements et leur façon de mendier un peu de nourriture. Il y a des gens qui les jettent à terre à coups de pied ; mais ce n'est là que la minorité. C'est irritant de les voir ainsi manger ; on aurait envie de taper sur leurs crânes épais. Leur existence est anonyme et sans culpabilité ; je ne sais d'eux qu'une chose ; c'est qu'ils sont prisonniers, et précisément cela m'émeut. Mais, maintenant, je n'éprouve ici, derrière eux, que la douleur de la créature, l'épouvantable mélancolie de l'existence et l'absence de pitié qui caractérisent les hommes. C'est un ordre qui a fait de ces formes silencieuses nos ennemis ; un autre ordre pourrait maintenant faire d'elles nos amis.

On astique furieusement. Un appel chasse l'autre. Le bruit se répand que c'est la paix, mais une autre opinion est plus vraisemblable ; c'est que nous allons être transportés en Russie. Mais pourquoi en Russie aurions-nous besoin d'effets meilleurs ? Enfin, la vérité se fait jour peu à peu : le kaiser vient nous passer en revue. De là tous ces préparatifs. Il s'en va fièrement, car il nous a donné une leçon, à nous, volontaires instruits. Le comble, c'est que nous devons rendre presque tous les effets neufs que nous avions reçus et on nous redonne nos vieilles fresques. Les bonnes n'étaient là que pour la parade.

Au lieu d'aller en Russie, nous revenons au front. Il fait clair, une clarté grise, celle du jour qui naît. Les râles continuent. Je me bouche les oreilles. La forme qui est en face de moi se remue. Maintenant mes yeux sont comme collés fixement à elle. Un homme avec une petite moustache est là étendue ; sa tête est inclinée sur le côté ; il a un bras à demi ployé, sur lequel la tête repose inerte. L'autre main est posée sur la poitrine, elle est ensanglantée. Le corps est immobile, tout à fait calme et, à présent, silencieux ; le râle s'est tu, mais les yeux crient et hurlent ; en eux toute la vie s'est concentrée en un effort extraordinaire pour s'enfuir, en une horreur atroce devant la mort, devant moi. A trois heures de l'après-midi, il est mort. Mais cela ne m'avance à rien, car c'est là le sort de nous tous ; si Kemmerich avait tenu sa jambe dix centimètres plus à droite, si Haie s'était penché de cinq centimètres de plus…

Quelques jours plus tard, nous partons pour faire évacuer une localité. En chemin, nous rencontrons les habitants fugitifs que l'on chasse de chez eux. Ils traînent leurs biens dans des charrettes, dans des voitures d'enfant et aussi sur leur dos. Tous se taisent, lorsqu'ils passent à côté de nous. Nous gagnons le fossé de la route et nous le suivons en nous courbant, le feu nous suit. Enfin, nous atteignons un petit abri. Kropp s'allonge à terre et je le pense. Le coup de feu l'a frappé un peu au-dessus du genou. Ensuite je me regarde moi-même. Ma culotte est ensanglantée, de même ma manche. Albert m'applique ses paquets de pansements sur les trous des blessures. Je suis opéré et je dégobille deux jours durant. Mes os ne veulent pas bien se ressouder, dit le secrétaire du médecin. Chez un autre, la soudure s'est effectuée de travers : on sera obligé de briser l'os une seconde fois. Albert va mal ; on vient le chercher pour l'amputer. On lui coupe toute la jambe. Maintenant, il ne parle presque plus, mais il a dit que quand il remettra la main sur revolver il se fera sauter la cervelle. Quelques semaines plus tard, je vais tous les matins à l'Institut Zander. Là ma jambe est solidement bouclée et on lui fait faire des mouvements appropriés. Mon bras est depuis longtemps guéri. Ensuite, je suis réclamé par mon régiment et je repars pour le front. Il est plus dur pour moi de me séparer de mon ami Albert Kropp. Mais dans la vie militaire on se fait à tout avec le temps.

Mûller est mort. On lui a tiré à bout portant une fusée dans le ventre. Avant de mourir il m'a donné son portefeuille et m'a fait cadeau de ses bottes, celles qu'il avait hérités de Kemmerich. Je les porte, car elles me vont bien. Après moi, c'est Tjaden qui les aura ; je les lui ai promises. Les mois se succèdent. Cet été de l'année 1918 est le plus pénible et le plus sanglant de tous. Chacun d'entre nous sait que nous perdrons la guerre. Néanmoins, la lutte continue, on continue de mourir… Jamais la vie dans sa misérable incarnation ne nous a semble aussi désirable que maintenant. Les faux bruits, si excitants, d'armistice et de paix ont fait leur apparition ; ils troublent les coeurs et rendent les départs plus pénibles que jamais. Jamais la vie au front n'a été plus amère et plus atroce que dans les heures passées sous le feu, lorsque les mains se convulsent en une seule protestation : non, non, non, pas maintenant puisque ça va être la fin !

C'est l'automne 1918. Des anciens soldats, il n'en reste plus beaucoup. Je suis le dernier des sept sortis de notre classe. Chacun parle d'armistice et de paix. Tout le monde attend. Si c'est encore une désillusion, ce sera la catastrophe. Si nous étions rentrés chez nous en 1916, par la douleur et la force de ce que nous avions vécu, nous aurions déchaîné une tempête. Si maintenant nous revenons dans nos foyers, nous sommes las, déprimés, vidés, sans racine et sans espoirs. Nous ne pourrons plus reprendre le dessus. Nous sommes inutiles à nous-mêmes. Nous grandirons ; quelques-uns s'adapteront ; d'autres se résigneront et beaucoup seront absolument désemparés ; les années s'écouleront et, finalement, nous succomberons. Les mois et les années peuvent venir. Ils ne me prendront plus rien. Je suis si seul et si dénué d'espérance que je peux les accueillir sans crainte. La vie qui m'a porté à travers ces années est encore présente dans mes mains et dans mes yeux.

L'amour du jeu (préface)

Le 18 Mai 1964 à 4 heures passées de 35 minutes, M. le Juge fait appeler un homme à la barre des accusés. M. John El Pedro, père de famille, clame avoir pour seul crime son amour du jeu (...). Les charges qui pèsent sur lui sont celles du meurtre d'un immigré serbe dont l'identité demeure inconnue. Le jeune et ambitieux Malone, inspecteur de police, se voit attribuer l'enquête par le juge d'instruction aux homicides involontaires ! cette affaire est celle qui fera décoller sa carrière ! penses-t-il. Il s'avère que la victime n'est autre que le célèbre usurier des bas-fonds de Londres, Capone Kozac. Coïncidence ou stupeur, la disparition soudaine du fils de l'accusé, Antonio El Pedro âgé de 12 ans, conforte les doutes du détective Malone :
-   « Cette affaire est tout sauf un homicide involontaire (…) ».